AF555800

SOUVENIRS DU RÈGNE DE HENRI IV

LES AMOURS

DE

CATHERINE DE BOURBON

SŒUR DU ROI

ET DU

COMTE DE SOISSONS

PAR

ALICE H..

PARIS
GEORGES HURTREL, ÉDITEUR
RUE D'ASSAS, 35
1879

SOUVENIRS DU RÈGNE DE HENRI IV.

LES AMOURS

DE CATHERINE DE BOURBON, SOEUR DU ROI, ET DU COMTE DE SOISSONS.

Il y a dans la vie de Catherine de Bourbon une page d'histoire intéressante, c'est celle de ses amours avec son cousin Charles de Bourbon, comte de Soissons. La tendre affection qu'ils avaient l'un pour l'autre passa par de rudes épreuves et à travers de bien des péripéties. Elle se brisa et se renoua plusieurs fois, pour se rompre enfin le jour où Henri IV obligea sa sœur à prendre pour époux le duc de Bar.

Ceux qui ont écrit l'histoire de cette époque, ou qui en ont laissé des mémoires : d'Aubigné, de Thou, Sully, le duc de la Force, du Plessis-Mornay et autres, se sont montrés très sobres de détails sur un sujet qui piquait si vivement la curiosité publique. On comprend cette réserve de leur part ; ils devaient craindre, en agissant autrement, de mécontenter certains hauts personnages de la cour et même d'encourir la disgrâce du roi.

Mais plus tard, au commencement du XVIIIe siècle, Mlle de Caumont de la Force, qui n'était pas obligée à la même réserve, publia un livre sur les amours de la princesse et de son cousin [1]. Cet ouvrage est rempli d'anecdotes et de révélations curieuses. Ce n'est pas un roman, comme on l'a dit ; c'est une histoire, écrite

1. *Histoire secrète de Catherine de Bourbon, duchesse de Bar*, in-12, Nancy, 1703. Réimprimé sous le titre de : *Anecdotes galantes de la duchesse de Bar, sœur de Henri IV*. Amsterdam (Paris), 1729.

il est vrai, avec beaucoup d'esprit et d'imagination, mais qui repose sur des faits positifs, mentionnés d'ailleurs dans des correspondances de l'époque et confirmés, même en grande partie, dans des lettres de Catherine qui ont été découvertes depuis.

Le livre de Mlle de la Force est devenu aujourd'hui fort rare et presque introuvable ; c'est ce qui nous a engagé surtout à le faire connaître et à en donner une analyse avec les extraits qu'on va lire.

Le comte de Soissons vit pour la première fois Catherine de Bourbon à Angers, le 16 mai 1586, lors du mariage du prince de Condé avec Mlle de la Trémoille. Depuis longtemps il en avait entendu parler comme d'une personne joignant aux grâces du corps tous les agréments de l'esprit. C'était en effet une princesse accomplie, en qui on retrouvait les brillantes qualités de son aïeule, Marguerite de Valois, et toutes les vertus de Jeanne d'Albret, sa mère. Aussi s'explique-t-on comment le comte en devint si vite amoureux.

Le roi de Navarre n'avait pas d'enfant. Il considérait sa sœur comme devant être un jour son unique héritière et espérait que le ciel, lui ayant refusé un fils, lui donnerait peut-être un neveu à qui il pourrait transmettre sa couronne.

Le comte de Soissons, sachant la pensée du roi et connaissant ses espérances, ne doutait pas qu'Henri, son cousin, ne l'accueillît favorablement s'il lui demandait la main de sa sœur. Mais il n'était pas aussi rassuré sur les dispositions de la princesse à son égard ; il la croyait fière et ambitieuse, éblouie par l'éclat de son nom et la grandeur de sa naissance ; il savait qu'elle avait déjà, pour diverses raisons, refusé sa main aux plus grands princes de l'Europe, qu'elle n'avait pas accepté le roi d'Espagne Philippe II, veuf d'Élisabeth de Valois, le roi de France Henri III qui lui avait offert sa couronne, le roi d'Écosse Jacques Stuart, le prince de Condé, les ducs d'Alençon et de Lorraine ; il savait que tous avaient été écartés et que la princesse n'avait pas daigné faire un choix entre de si nobles prétendants. Aussi semblait-il au comte que jamais elle ne voudrait abaisser ses regards jusqu'à lui, cadet d'une branche illustre il est vrai, mais sans fortune, et dont l'aîné ne parvenait à soutenir l'éclat de son nom que par la guerre, profitant ainsi, hélas! des malheurs de l'État pour ne pas perdre entièrement son prestige d'autrefois. Le comte se croyait donc en face d'obstacles insurmontables et il était bien prêt de perdre tout espoir, dans l'ignorance où il était de l'impression qu'il avait faite sur Catherine et du trouble qu'il avait jeté dans son cœur.

Au bal qui eut lieu à l'occasion du mariage du prince de Condé, Charles dansa avec Catherine; puis il sortit et rentra bientôt revêtu d'un costume de chinois. Ainsi déguisé, il se glissa aux pieds de celle qu'il aimait, lui disant mille flatteries; il lui déclara qu'il venait du fond de la Chine, attiré par le bruit de ses charmes, que le Céleste-Empire ne possédait pas de beauté plus accomplie que la sienne; qu'il n'hésitait pas à la proclamer la plus belle princesse, non seulement de l'Europe, mais aussi de tout l'Orient; puis s'enhardissant, il alla jusqu'à lui avouer qu'il éprouvait pour elle un amour profond et que désormais il ne pouvait plus vivre loin d'elle et sans elle.....

Cette déclaration fit rougir Catherine; elle affecta même de se fâcher contre le comte qui se tut et se retira. Dans le même moment le prince de Condé vint chercher la princesse et l'emmena pour danser avec lui.

Rentré dans ses appartements, le comte de Soissons repassa dans son esprit tous les détails de l'entretien qu'il avait eu avec Catherine, il se répéta ses paroles et réfléchit que peut-être la sévérité de ses réponses n'était qu'une feinte pour dissimuler ses véritables sentiments. Voulant savoir à quoi s'en tenir à cet égard, il écrivit le lendemain à la princesse ces quelques lignes :
« On ne peut vous voir sans vous aimer; vous aimer sans vous le « dire; vous le dire, c'est vous déplaire. Que faire? De grâce, « laissez-moi adorer la plus divine créature que le monde ait « jamais vue; l'œuvre que le ciel ou la terre ait jamais possédée!»

De son côté la princesse était en proie à un véritable trouble d'esprit : mille idées contradictoires se heurtaient dans sa tête et la laissaient plongée dans une grande perplexité. Elle était vivement touchée du mérite du comte, de sa naissance, et de l'ardeur de son amour; mais sa fierté naturelle la faisait hésiter à recevoir les hommages de son nouvel adorateur. Elle savait aussi qu'il était du parti de la Ligue et qu'il appartenait à une autre religion que la sienne.

Telles étaient les pensées diverses qui assaillaient son esprit lorsqu'elle reçut la petite lettre du comte : ce fut pour elle un coup de foudre, elle n'hésita plus et se décida à suivre les mouvements de son cœur. Mais le roi de Navarre calma sa sœur en lui disant que le comte de Soissons était l'envoyé du duc de Guise et de Catherine de Médicis ; que sa venue cachait un complot, dont lui, le roi, pouvait être la victime, et qu'il fallait dès lors agir avec la plus grande circonspection et ne pas cesser un seul instant de se tenir sur ses gardes contre les avances de leur cousin.

Catherine crut aux paroles de son frère et ne vit plus dans son adorateur de la veille qu'un agent du parti de la Ligue et de la religion qu'il représentait. A ses yeux il devint presque un traître.

M. de Soissons, ne recevant pas de réponse à sa lettre, se rendit chez M. de Condé, où il savait rencontrer la princesse ; il fit une profonde révérence à celle-ci dès qu'il l'aperçut ; elle lui répondit par un salut froid et glacial ; cela ne le découragea pas ; il tenta quelques paroles aimables, risqua même quelques compliments ; mais Catherine n'eut pas l'air de les entendre et lui témoigna la plus complète indifférence. Le pauvre comte se retira donc tout déconcerté et sans mot dire.

Quelques jours après, il y eut des courses de bagues. C'était Catherine qui les présidait et tenait la bague. Le comte de Soissons fut l'heureux vainqueur et dut recevoir des mains de la princesse le prix de sa victoire. Celle-ci, dans le trouble qu'elle éprouvait, dissimula mal quelques marques d'impatience, d'autant plus qu'elle pouvait lire dans les yeux du comte que son amour pour elle, loin de s'éteindre, redoublait d'ardeur et qu'elle ne pouvait douter qu'elle eût bientôt à subir une nouvelle entreprise de sa part. Elle se sentait faiblir et n'eut pas la force de refuser une nouvelle entrevue que le comte lui demanda. Toutefois elle résolut d'en profiter pour lui reprocher sa perfidie et sa trahison et lui faire honte de sa conduite à son égard.

L'entretien eut lieu, et aux paroles de colère de la princesse, Charles répondit par les protestations les plus vives et les plus indignées ; il affirma la pureté et la sincérité de son amour en termes si ardents et si convaincus, que Catherine rompit brusquement l'entretien et se retira en proie à la plus vive émotion. Aussi s'abstint-elle de paraître ce jour là au souper que donna le roi de Navarre en l'honneur du prince de Condé. Le comte y assista, mais il fut triste et rêveur.

Le lendemain à son réveil et après une nuit agitée, Catherine trouva sur son lit une lettre de son cousin qui lui reprochait son injustice et son inhumanité. La lettre avait été apportée par la Tignonville, une des femmes de la princesse et en laquelle celle-ci avait toute confiance. Elle était huguenote et elle se faisait appeler la baronne, titre qu'elle avait hérité d'un frère unique mort depuis peu de temps. Catherine s'ouvrit à elle et la mit au courant des instances du comte de Soissons, en la chargeant de savoir d'une façon précise si les soupçons dont il était l'objet étaient fondés.

La Tignonville informa le comte de la mission que la princesse lui avait donnée ; elle lui fit entendre que si l'on n'ajoutait aucune foi à ses paroles, c'est qu'il était suspect à Catherine, à qui on l'avait représenté d'abord comme un ambitieux qui n'en voulait à son cœur que pour en faire un sacrifice à la fortune, et ensuite comme un perfide et un traître à cause du bruit qui courait de ses relations avec le duc de Guise. Elle finissait par lui dire qu'on attendait de sa part des explications à ce sujet et qu'il lui serait loisible de les donner le soir même dans les jardins de l'évêché où elle irait le trouver.

Si cette déclaration jeta le comte dans un trouble extrême, en lui apprenant la découverte de sa liaison avec M. de Guise (découverte qu'il ne savait à quoi attribuer), elle fut aussi le rayon de lumière qui vint l'éclairer sur le véritable motif de la froideur de Catherine à son égard ; il pensa immédiatement à rompre avec le duc de Guise, persuadé qu'il devrait à cette rupture, de rentrer aussitôt en grâce auprès de la princesse.

Il alla le soir même au rendez-vous indiqué par la Tignonville, et là il protesta devant elle de son innocence, déclarant que ses intentions étaient pures et ne pouvaient même pas être soupçonnées, que c'était l'amour seul qui le guidait dans toute cette affaire. Pour se disculper entièrement, il écrivit aussitôt à Catherine une lettre dans laquelle il l'assurait de sa loyauté ;

et s'élevant avec force contre toutes les calomnies répandues contre lui, il lui donnait de nouveau l'assurance d'un amour sincère et inviolable.

La Tignonville reçut la lettre et, en la remettant à la princesse, elle lui raconta tous les détails del'entrevue, lui rapportant les paroles d'indignation du comte et ses nombreuses protestations contre les atteintes portées à sa loyauté. Elle fut la si fidèle interprète de la pensée de celui-ci, elle parla tant et si bien que, la lettre aidant, la princesse se sentit désarmée et ne s'opposa pas à ce que la Tignonville eût avec le comte une seconde entrevue. Celle-ci devait le rassurer sur l'opinion qu'on aurait de lui désormais, en lui laissant entendre qu'on ne refusait plus de croire à son innocence, sans toutefois lui laisser soupçonner le moindre sentiment de tendresse de Catherine pour lui.

Cependant il y avait déjà assez de temps que le comte de Soissons était parti de Paris. Il sentait qu'une absence plus longue de sa part pourrait porter ombrage au parti de la Ligue et le rendre suspect au roi de France; mais avant de quitter Angers, il voulut s'assurer par lui-même des véritables sentiments de la princesse à son égard. Il fit en sorte de se rencontrer avec elle chez M. le gouverneur d'Angers, dans une maison de plaisance de ce dernier, à deux lieues de la ville et profitant d'un instant où Catherine se promenait seule dans une allée du parc, il se présenta devant elle et lui demanda la faveur d'un entretien.

La princesse, vivement impressionnée par l'apparition soudaine du comte, parvint cependant à cacher son émotion. Redevenant immédiatement maîtresse d'elle-même, elle lui fit le même accueil glacial que par le passé. Lui ne se rebuta pas ; il lui dit qu'il avait été odieusement calomnié, qu'il ne pouvait supporter l'idée d'avoir pu passer, même un seul instant, aux yeux de celle qu'il aimait, pour un perfide et un traître ; qu'il venait lui-même expliquer sa conduite, qu'il voulait que son innocence brillât sans nuage aux yeux de la princesse.

Catherine lui déclara qu'elle voulait bien croire à ses paroles, mais qu'il fallait encore attendre quelque temps avant que l'impression fâcheuse qu'elle avait éprouvée, s'effaçât entièrement ; qu'au reste il devait peu se soucier de ce qu'elle pouvait penser de lui, qu'elle n'attachait, elle, à tout ce qui s'était passé que fort peu d'importance ; qu'elle était même absolument indifférente aux actes du comte. A ces mots qui tombaient comme des gouttes d'eau froide sur le cœur du malheureux, celui-ci n'y put tenir davantage. Il se jeta aux genoux de sa cousine en lui déclarant qu'il l'aimait éperduement, qu'il ne pouvait plus vivre sans son amour, mais qu'il supporterait encore mieux sa haine que son indifférence, préférant la mort même à un pareil sentiment de sa part.

La princesse, en proie à une violente émotion, n'eut pas la force de cacher plus longtemps ses véritables sentiments. Elle dit au comte d'espérer, et surtout de se bien garder d'aucun acte de désespoir ; elle ajouta qu'elle serait désolée s'il lui arrivait malheur. Lui, fou de joie, baisa sa robe, la remerciant de si douces et si bonnes paroles, et, ne sachant comment lui témoigner sa reconnaissance, lui jura de nouveau un amour éternel. La princesse, toute confuse, s'éloigna sans plus ajouter un seul mot, laissant son cousin au comble du bonheur et l'âme pleine de ravissement.

Après cette entrevue, le comte de Soissons rentra à Angers où il prit immédiatement congé du roi de Navarre, du prince de Condé et de sa femme ; puis il partit en poste pour Paris.

Après le départ du comte de Soissons, Henri de Navarre demanda à sa sœur ce qui s'était passé lors de la dernière visite de son cousin. Elle lui répondit qu'il était venu simplement prendre congé d'elle et lui faire ses adieux. Le roi n'en crut pas un mot et chargea le marquis de Rosny d'approfondir ce mystère.

De Rosny était l'ami de la Tignonville ; aussi fut-il bientôt au courant de tous les détails de l'intrigue de Charles avec Catherine ; il fit part au roi de ce qu'il avait appris. Celui-ci eut peine à croire à la sincérité du comte. Cependant, devant les affirmations du marquis, le roi se rendit à ses raisons et convint avec lui que désormais ce qu'il y avait de mieux à faire était de chercher à tirer tout le parti possible de cette entrevue,

Ils conçurent le projet d'arracher le comte au parti du duc de Guise en lui faisant entrevoir l'espérance d'épouser celle qu'il aimait tant.

Cependant le parti de la Ligue l'emportait à la cour de France.

M. de Guise avait forcé le roi à lui remettre les principales places du royaume. Rome soutenait la Ligue. Le duc de Guise s'était emparé de la Champagne et le duc de Mayenne ravageait la Saintonge. Malgré cela les affaires des catholiques ne s'amélioraient pas. Le prince de Condé revenait d'Angleterre avec dix bons vaisseaux et cinq cent mille écus que la reine Élisabeth lui avait prêtés. Les princes d'Allemagne envoyaient une puissante armée au secours des protestants, et le roi de Navarre battait une partie des forces du duc de Joyeuse. Il ne semblait donc guère possible que le parti catholique pût tenir plus longtemps la campagne cette année-là.

Ce fut alors qu'Henri de Navarre pensa qu'il était temps d'agir avec M. de Soissons. Mais comme il fallait avant tout pouvoir compter sur la princesse sa sœur, il voulut obtenir l'agrément de cette dernière avant de traiter avec le comte. Il l'obtint d'autant plus facilement que Catherine ne faisait plus mystère de son amour pour son cousin. En effet elle correspondait avec lui et aux protestations d'amour du comte, elle répondait par des aveux mal dissimulés. Charles lui écrivait :

« J'ignorois encor, Madame, ce que c'étoit que l'amour, jus-
« qu'à ce que l'absence me l'ait fait connoître. L'indifférence, le
« mépris, la cruauté, que je m'imaginois être les plus grands
« maux qu'un amant puisse éprouver, ne sont rien en comparai-
« son de ceux qu'un funeste éloignement fait endurer. Qu'ils
« sont rudes, divine princesse, et qu'ils le deviendroient bien
« davantage, si je ne me flattois que vous les partagerez avec
« moi ! Cette seule espérance peut retenir mon chagrin aux yeux
« d'une cour, où mes soupirs seroient comptez pour autant de
« crimes d'État, si l'on sçavoit où ils s'adressent. Peut-on pour-
« tant connoître que je vous ai vue et ne pas deviner que c'est
« vous que j'adore ? Que ma passion est violente, ma chère cou-
« sine ! Qu'elle est tendre ! Elle durera le reste de ma vie. Puis-
« siez-vous y devenir tous les jours plus sensible ! Mais pourquoi
« ne m'en flatterois-je pas ? Aussi bien n'y a-t-il que cet espoir
« qui soit capable de me conserver la vie, jusqu'à l'heureux
« moment où il me sera permis de dire hautement que c'est pour
« vous seule que je soupire.

« Charles de Bourbon. »

Et Catherine répondait :

« Je ne scai point ce que l'on sent quand on est éloigné de ce « que l'on aime ; ainsi je ne puis vous plaindre autant peut-être « que vous le méritez ; mais je scai bien que si vous souffrez tout « ce que j'endure depuis votre absence, il est peu de maux qui « égalent les vostres et ceux de

« Catherine de Bourbon. »

Assuré désormais des bonnes dispositions de sa sœur, le roi de Navarre choisit l'abbé d'Elbenne pour mener à bonne fin les négociations. L'abbé avait des amis dans les deux partis. Catholique romain et en même temps adroit politique, il ne haïssait pas les calvinistes. Il représenta au comte qu'il n'était qu'un instrument entre les mains du duc de Guise, dont celui-ci se servait pour parvenir à s'emparer de la couronne de France ; que le duc aspirait au trône ; qu'il n'hésitait devant aucun moyen pour arriver à son but ; qu'il voulait la perte des princes du sang et ne désirait le pouvoir souverain que pour asseoir sa tyrannie sur les ruines des lois et de toutes les libertés.

L'abbé dit encore au comte que le duc de Guise l'entraînait à sa perte, qu'il n'était qu'un jouet entre ses mains, un jouet qu'il briserait une fois son but atteint. Puis il ajouta qu'il ne s'expliquait pas comment lui, comte de Soissons, pouvait s'être laissé prendre à un piège aussi grossier?

Le comte parut ébranlé par ce qu'il venait d'entendre. L'abbé choisit alors ce moment pour lui parler de son mariage avec Catherine. Charles, transporté par l'espoir de cette union, déclara qu'il n'était pas de sacrifice qu'il ne fît pour obtenir la main de la princesse. L'abbé lui avoua qu'il était chargé de lui faire des ouvertures à cet égard, mais à la condition qu'il renonçât à toute alliance avec le duc de Guise. Fou de joie, le comte consentit à tout et l'abbé informa immédiatement le roi du succès de sa démarche, tandis que de son côté le comte de Soissons lui écrivait qu'il allait le rejoindre avec M. de Conti et adressait à Catherine une lettre passionnée dans laquelle il lui déclarait qu'il était le plus heureux des hommes : « Ma chère cousine, disait-il, je « vais partir pour aller entendre de votre belle bouche cet aveu « si charmant, pouvu cependant que ma joie et mon impatience « laissent vivre jusque là l'amoureux Charles de Bourbon. »

Le comte, M. de Conti et l'abbé d'Elbenne, après avoir réuni le plus d'hommes et d'argent qu'il leur était possible, décidèrent d'aller rejoindre le roi de Navarre à Montsoreau. Ils partirent sous prétexte d'aller chasser dans le Maine sur les terres de la duchesse de Conti ; mais ils ne furent pas plus tôt hors des atteintes des troupes de la Ligue que, traversant la Normandie, le Maine et l'Anjou, ils se rendirent aux Rosiers, d'où le comte de Soissons fit savoir son arrivée au roi de Navarre. Celui-ci envoya au-devant de lui une garde pour l'escorter et lui témoigna la joie la plus vive de le voir au milieu des siens. Puis ils allèrent sans plus tarder à la Rochelle, où Charles de Bourbon fit paraître un manifeste dans lequel il exposait les raisons qui l'avaient décidé à se joindre au roi de Navarre.

On était à la veille de cette mémorable journée de Coutras, où Henri écrasa l'armée du duc de Joyeuse et dans laquelle se distinguèrent par leur valeur le comte de Soissons, le prince de Condé et le vicomte de Turenne, qui commandaient la cavalerie du roi.

Cette victoire eut soumis tout le pays, si l'amour n'eût pas fait perdre en partie au roi le fruit de cette journée. Il était alors épris de la fameuse Corisande d'Andoin de Grammont, veuve de Philibert, comte de Guiche, tué au siège de la Fère en 1580. Le lendemain de la bataille, il abandonna tout pour aller se féliciter avec elle du succès de ses armes. De son côté, le comte de Soissons ne brûlait pas moins que le roi du désir de se rendre près de celle qu'il aimait et de lui faire hommage des drapeaux qu'il avait pris à l'ennemi.

Après avoir traversé la Gascogne et passé chez Corisande, ils se rendirent à Pau où Catherine les attendait. Ce fut sous le coup de l'émotion la plus vive que la princesse et Charles se retrouvèrent : d'abord timides et n'osant se parler, mais bientôt après épanchant leurs cœurs, ils échangèrent les serments les plus doux, jurant que désormais ils étaient l'un à l'autre et que rien ne pourrait les séparer.

Plusieurs jours se passèrent ainsi, remplis par les confidences les plus tendres des deux amants, et l'on paraissait ne plus attendre pour les unir que l'arrivée du prince et de la princesse de Condé.

Le départ de M. de Soissons avait fait grand bruit à la cour de France. Henri III en avait été surpris et la Ligue en était fort mécontente. Le duc de Guise, voyant échouer ses projets secrets, était dans la plus grande colère; aussi résolut-il de se venger et, pour commencer, il songea à rompre la nouvelle liaison du comte de Soissons avec le roi de Navarre.

Il agit avec précaution et usa des plus grands ménagements pour faire parvenir à l'oreille du roi, par des voies habiles, l'opinion qu'il voulait que ce dernier conçût du comte de Soissons. Il lui fit donner à entendre, le plus adroitement du monde, que le mariage projeté était considéré par tous comme le comble de l'impudence et de la témérité; que le comte n'était qu'un ambitieux, désireux de s'enrichir, séduit et attiré par les grands biens appartenant au roi au-delà de la Loire; qu'il n'avait la pensée d'épouser sa sœur que pour avoir plus tard toutes ces richesses, et qu'il se pourrait même qu'il allât jusqu'à porter ses vues ambitieuses sur sa couronne.

Henri se laissa ébranler par ces perfides insinuations. Il commença par marquer au comte quelque froideur; puis il songea à reprendre sa parole, et dès lors il n'eut plus qu'une pensée : rebuter le prétendant par des remises continuelles, jusqu'au jour où il trouverait une occasion pour rompre entièrement avec lui.

Le comte de Soissons, comme cela était prévu, ne tarda pas à se fatiguer de tant de retards successifs; il conçut des soupçons et en fit part à Catherine. Il s'ouvrit aussi à de Rosny et le supplia d'agir auprès du roi pour obtenir de lui que le mariage, depuis si longtemps projeté, fût enfin célébré.

De son côté, le duc de Guise, informé de ce qui se passait, continua la ruse qui paraissait déjà si bien lui réussir. Il usa auprès du comte des mêmes moyens dont il s'était servi auprès du roi de Navarre. Il s'arrangea de manière à lui faire entendre que le mariage qu'on lui proposait n'avait rien de sérieux; qu'il y avait peu de chance qu'il fût célébré de sitôt et qu'on n'avait qu'un but en lui faisant entrevoir la possibilité de cette union : le détacher du parti du roi de France, le brouiller avec la cour, et par là, l'empêcher d'y tenir le rang qu'il y pouvait espérer par sa naissance et son mérite. Cette tactique, lui disait-on, était bien évidente, et les retards que le roi de Navarre mettait à l'accomplissement de sa parole en étaient la preuve la plus indiscutable. On ajoutait encore que le comte devait s'attendre à se voir avant peu le jouet et la dupe du parti huguenot, s'il ne songeait de suite à le prévenir par une résolution vigoureuse qui déjouât les projets du chef des calvinistes.

Ces perfidies produisirent sur M. de Soissons le même effet que celles dont on s'était servi sur Henri de Navarre. Son ambition, jointe à sa fierté naturelle, lui fit accepter toutes ces impostures comme des avis sincères. Il crut que le roi le trompait; il le considéra comme son ennemi, et l'aurait volontiers abandonné de suite, s'il n'eût été retenu par son amour pour Catherine; car il aimait sincèrement cette princesse, innocente des torts qu'il reprochait à son frère, et il en était vraiment aimé. Son amour seul le faisait donc hésiter sur le parti qu'il devait prendre.

D'un autre côté, le roi et de Rosny pensaient qu'il n'y avait pas lieu de pousser les choses plus avant et qu'il fallait mettre fin à une situation désormais impossible. Mais avant de donner congé au prétendant, le roi crut devoir avertir sa sœur et lui faire part des révélations qui lui avaient été faites sur le compte de son cousin.

A ce récit, la surprise de Catherine fut extrême; mais elle refusa d'ajouter foi aux soupçons de son frère avant d'avoir elle-même interrogé le comte de Soissons. Elle déclara que s'il était coupable, elle n'hésiterait pas à lui retirer son amour; mais qu'il était possible qu'il fût innocent, et, qu'en ce cas, aucune raison ne pourrait la faire renoncer à l'union projetée.

A peine de retour chez lui, le roi de Navarre vit arriver le comte, qui, dans un langage d'abord plein de convenance, lui demanda pourquoi son mariage était toujours ajourné. Le roi, rempli de défiance à son égard, trouva sa démarche suspecte; il se montra plein de froideur et traita le comte presque en ennemi. Blessé dans son orgueil, celui-ci s'emporta et déclara au roi qu'il allait partir et se retirer à la cour de France, où il serait bien accueilli et retrouverait la situation à laquelle il avait renoncé; puis il sortit sans attendre la réponse du roi. Il rentra chez lui en proie à la plus violente agitation. Les résolutions les plus extrêmes se heurtaient dans son esprit, lorsqu'il reçut de sa cousine le billet suivant ; « Mon frère sort de chez moi ; il vient de m'apprendre « des choses qu'il faut que vous sachiez. »

Le comte se rendit aussitôt chez la princesse ; il y trouva le roi qui venait d'arriver. De nouveau ils se reprochèrent vivement leur conduite, et la discussion menaçait de redevenir aussi violente qu'elle l'avait été chez le roi, lorsque Catherine, comprenant sous quelles influences l'un et l'autre agissaient, leur représenta qu'on les avait trompés tous les deux, qu'ils étaient l'objet d'une manœuvre qui n'avait pour but que de les désunir et que tout ce qu'on leur avait dit n'était que fausseté et mensonge. Elle fit tous ses efforts pour les rapprocher et faire cesser le malentendu qui s'était élevé entre eux ; mais elle ne put y réussir et le roi et le comte se séparèrent irrités l'un contre l'autre, fâchés à ce point qu'une réconciliation était désormais impossible.

Dans le conseil il fut question de cette affaire ; car il fallait prendre un parti. Le marquis de Rosny opina pour le mariage. Le roi et les autres conseillers s'y opposèrent. De Rosny eut alors à supporter les conséquences de son opinion. Le roi parut lui faire partager la disgrâce dans laquelle était tombé le comte de Soissons. Le marquis en informa ce dernier, qui, songeant à retourner à Paris, lui offrit ses services et aussi sa protection. De Rosny accepta d'autant mieux qu'il atteignait ainsi le but qu'il s'était proposé par sa feinte rupture avec le roi et la cour de Navarre.

Au moment de partir, le comte eut une dernière entrevue avec la princesse, qui lui témoigna tous ses regrets de n'avoir pu le réconcilier avec son frère. Toutefois elle ne désespérait pas d'y parvenir et appelait de tous ses vœux le jour où elle les verrait unis de nouveau, car ce jour tant souhaité, qui serait aussi celui de son mariage avec celui qu'elle aimait, lui apporterait bonheur et joie. En attendant, Catherine régla avec son cousin la façon dont ils échangeraient leur correspondance et il fut convenu que les lettres de la princesse seraient adressées au marquis de Rosny et celles du comte à la Tignonville.

Charles partit le lendemain pour Paris avec M. de Rosny, et en arrivant, son premier soin fut d'écrire cette lettre à Catherine :

« Aimer, ignorer si l'on reverra ce que l'on aime, joindre à « ces maux tous ceux qu'une funeste absence est capable de faire

« appréhender, est-il, madame, un plus cruel supplice? Non, « ceux des enfers sont moins redoutables et l'idée en fait moins « d'horreur ! Cependant, divine princesse, croiriez-vous que ces « peines, toutes grandes qu'elles sont, me paroissent charmantes, « dès que je les endure pour vous et que vous y donnez peut-« être quelques soupirs. En effet, est-ce trop acheter un bonheur « si précieux de tout ce que l'amour a de plus cruel et de plus « amer ?

« Charles de Bourbon. »

Catherine lui répondit immédiatement :

« Ne me parlez point de l'absence, mon cher comte, cette seule « idée épouvante ma raison, et vous avez d'assez grands témoi-« gnages de ma tendresse sans que vous m'engagiez encor à « vous en donner de nouvelles marques. Tout me parle ici de « vous et vous y paroissez plus souvent à mes yeux que quand « vous y étiez encor. Je vous trouve dans le ressentiment de mon « frère et, ce qui doit être beaucoup plus pour vous, je vous ren-« contre toujours dans mon cœur; vous y êtes si profondément « gravé que je ne crains point les chagrins de l'absence tant que « cette idée les sçaura dissiper.

« Catherine de Bourbon. »

Ce fut le marquis de Rosny qui remit au comte la lettre de Catherine. Avant de quitter Pau, le marquis avait eu avec la Tignonville une entrevue secrète, dans laquelle ils avaient tramé le petit complot que voici : la Tignonville devait, en contrefaisant l'écriture de la princesse, supprimer dans ses lettres les expressions les plus tendres et en substituer d'autres plus froides et presque indifférentes. De son côté, de Rosny devait agir de même à l'égard des lettres du comte, et tous deux résolurent de ne cesser ce jeu cruel que lorsqu'il aurait produit l'effet qu'ils en attendaient. Ils voulaient, par ce moyen, préparer l'esprit des deux amants à recevoir toutes les impressions qu'on voudrait leur faire subir, les indisposer l'un contre l'autre et les amener ainsi à rompre tout rapport entre eux.

De retour à Paris, le comte de Soissons alla présenter ses hommages au roi Henri III. Il lui témoigna tous ses regrets de sa conduite passée. Le roi l'accueillit favorablement, crut à son repentir et lui pardonna. Seul le duc de Guise le reçut froidement et lui conserva rancune. Le comte n'en continua pas moins à correspondre avec Catherine, qui avait toujours la Tignonville pour confidente. De Rosny, de son côté, restait le confident du comte et il tenait le roi de Navarre au courant de tout ce qui se passait à la cour de France.

Ce fut à partir de ce moment que de Rosny et la Tignonville commencèrent à user de l'artifice dont ils étaient convenus. Dès lors, les lettres des deux amants paraissent moins brûlantes. Au lieu de trois fois par semaine, elles n'arrivent bientôt plus qu'une fois et ensuite une fois seulement par mois. Chacun des deux amoureux ne pouvait plus douter que l'amour de l'autre n'allât s'affaiblissant. Catherine commençait à croire que la passion du comte pour elle n'avait été qu'une feinte. De son côté, le comte ne doutait plus que la princesse n'eût été la complice de son frère dans tout ce qui s'était passé. Il résolut de ne plus songer à son amour et chercha à s'étourdir. Il rêva de se venger du roi de Navarre et ne trouva pour cela rien de mieux que de vouloir s'emparer de ses États. Pour y parvenir, il fallait avant tout regagner l'affection des catholiques. La chose était assez difficile, car le comte avait été excommunié pour avoir combattu dans les rangs des huguenots, et, à cause de son excommunication, il ne pouvait assister aux États que le roi de France venait de convoquer à Blois. De plus, le pape Sixte-Quint refusait de le laisser rentrer dans le sein de l'Église. Dans cette occurrence, le comte, sur le conseil de Henri III, pensa qu'il n'y avait pour lui qu'un moyen d'obtenir sa grâce du saint-père, c'était de demander en mariage la princesse de Montalte, la propre nièce de Sixte-Quint. Il était persuadé que le pape serait flatté de cette alliance et ne lui refuserait pas son absolution, bien décidé, après l'avoir obtenue, à ne pas donner suite à sa demande, pour une raison qu'il ne serait pas embarrassé de trouver.

Le roi voulut bien se charger de la négociation. Il ne tarda pas à obtenir le consentement du pape, qui en même temps envoya l'absolution au comte de Soissons.

Aussitôt le bruit du mariage de Charles de Bourbon avec la princesse de Montalte se répandit à la cour, et le roi de Navarre en fut de suite averti par le marquis de Rosny. On fit en sorte que cette nouvelle parvînt à Catherine, qui d'abord ne voulut pas y croire. Mais quand, devant les affirmations de la Tignonville, elle ne put plus conserver le moindre doute sur l'horrible vérité, elle entra dans un désespoir si grand, elle fut plongée dans un tel abîme de douleur, que rien ne put l'en distraire et qu'elle refusa même de prêter l'oreille à aucune parole de consolation.

En vain Madeleine de la Tour-d'Auvergne, sœur du vicomte de Turenne, essaya-t-elle, pour la distraire et la calmer, de lui faire le récit des amours de Henri III ; Catherine refusa de l'entendre et resta anéantie sous le poids de l'immense douleur qui venait de fondre sur elle.

Bientôt de graves événements se présentèrent à la cour de France. Le duc de Guise agissait en maître absolu. Il faisait décréter au roi que jamais il ne ferait la paix avec les huguenots et il prononçait les paroles suivantes à l'adresse du roi de Navarre : « Jamais roi ayant été hérétique ne nous gouvernera. »

Henri III, ne pouvant plus supporter l'arrogance et la domination du duc de Guise et croyant même sa vie en danger s'il ne se débarrassait au plus tôt d'un pareil conseiller, le fit assassiner à Blois, le 23 décembre 1588. En même temps il donna l'ordre d'arrêter tous les partisans des de Guise.

La mort du duc n'apporta aucune amélioration à la situation du roi de France. De nouveaux troubles éclatèrent de toutes parts ; partout les bourgeois, même catholiques, voulaient ouvrir leurs villes au roi de Navarre. Alors, au nom de ce dernier, Duplessis-Mornay adressa un manifeste de paix au roi de France qui se décida, sous l'influence de la peur, à entrer en relations avec le roi de Navarre. L'union des deux monarques donnait au parti royaliste une force inattendue. La Ligue fut repoussée successivement à Tours et à Senlis, et les deux princes vinrent assiéger Paris.

Le roi de Navarre songeait toujours à marier sa sœur qui, malgré l'apparente infidélité du comte, n'avait cessé de l'aimer en secret et était prête, le jour où l'artifice du marquis de Rosny et de la Tignonville serait découvert, à lui rendre tout son amour. Henri, pour prévenir ce danger, entra en négociation avec le duc de Montpensier, père du prince de Dombes qu'il destinait pour époux à Catherine. Aussi persuada-t-il au roi de France d'envoyer ce jeune prince en Bretagne, en qualité de gouverneur de cette province, au lieu et place du comte de Soissons. Celui-ci en devina de suite la cause et jura que son rival ne réussirait pas plus que lui auprès de la princesse.

Quelque temps après, Henri III fut assassiné à Saint-Cloud par Jacques Clément, le 2 août 1589. Dernier des Valois, il laissait le trône aux Bourbons. Le roi de Navarre fut dès lors roi de France, sous le nom de Henri IV. Mais autour de lui de nombreuses défections se produisirent. Les seigneurs catholiques ne pouvaient, pour la plupart, s'accommoder d'un roi huguenot et qui n'était pas assez riche pour les récompenser autant qu'ils auraient voulu des services qu'ils lui auraient rendus. D'un autre côté, le cardinal de Bourbon prétendait à la couronne; le cardinal de Vendôme était suspect; suspect aussi le comte de Soissons; le prince de Conti, sourd et boiteux, ne pouvait rendre aucun service. Le duc de Montpensier sommait le Béarnais de se faire catholique. Les huguenots, craignant l'abjuration du roi, voulaient établir des protecteurs dans chaque province. La reine d'Angleterre aimait mieux entretenir les troubles en France que de fournir à Henri IV des secours qui lui permissent de se rendre maître de ses États. Les princes protestants d'Allemagne étaient découragés par les insuccès que leurs troupes avaient toujours eus en France. Les Parisiens, remis de leur première frayeur, avaient tous juré de ne point permettre à un prince hérétique de s'asseoir sur le trône de saint Louis. Tous les parlements, hors ceux de Rennes et de Bordeaux, s'étaient déclarés en faveur de la Ligue. La plus grande partie du clergé, le roi d'Espagne et le pape continuaient à la soutenir par des secours en hommes et en argent. Toutes les chances étaient pour la Ligue et pas une pour Henri de Navarre.

Le roi, ayant tenté en vain de traiter avec le duc de Mayenne, s'éloigna de Paris et vint en Normandie. Le comte de Soissons vint le rejoindre, et, le reconnaissant pour son roi légitime, il lui offrit ses services. De part et d'autre, on se témoigna les plus grands égards. Mais, malgré tout, le comte ne pouvait oublier que le roi s'était joué de lui (il le croyait du moins). De son côté, Henri se défiait toujours de l'humeur ambitieuse et jalouse de son cousin.

Le Béarnais battit Mayenne à Arques et à Ivry, et par deux

fois assiégea inutilement Paris. Il échoua également à Rouen et à Aumale. En 1593, il abjura le calvinisme. L'année suivante, la trahison de Brissac lui ouvrit les portes de Paris, et deux ans après, toutes les provinces françaises étaient en son pouvoir.

Revenons maintenant à notre sujet. Pendant qu'Henri IV songeait à marier sa sœur avec le fils du duc de Montpensier, celle-ci se reconciliait avec le comte de Soissons et leurs amours reprenaient une nouvelle ardeur. Voici ce qui en fut cause : le roi avait confié à Corisande les raisons secrètes qui l'avaient poussé à rompre tout projet de mariage entre Catherine et Charles et il lui avait même avoué à l'aide de quel artifice il était parvenu à brouiller les deux amants. La comtesse de Guiche avait promis le secret au roi; mais quand elle se vit abandonnée par lui, épris qu'il était des charmes de Gabrielle d'Estrées, elle voulut se venger, oublia son serment et n'hésita plus à parler. Elle dévoila à la princesse les agissements de son frère, réhabilita à ses yeux le comte de Soissons et lui affirma l'innocence de sa conduite. Elle s'y prit très adroitement. D'abord elle tâcha de gagner la confiance de Catherine, elle essaya d'obtenir ses bonnes grâces, lui raconta ses malheurs, l'infidélité du roi qui l'avait aimée pendant six ans; elle lui lut les lettres de l'infidèle et lui fit le récit de leurs amours passées.

Catherine à son tour ouvrit son cœur à la comtesse; elle lui avoua qu'elle avait aimé le comte de Soissons et qu'elle l'aimait encore. Là dessus la comtesse engagea Catherine à suivre les mouvements de son cœur et à épouser le comte de Soissons; et, comme la princesse se récriait en disant : « Comment, moi, épouser un perfide! — Non, madame, il ne l'est pas, » répondit Corisande; « il vous aime pour le moins autant que vous l'aimez; il ne vous a jamais trahie. On vous a trompés tous les deux. Je vais vous donner les preuves les plus convaincantes de l'innocence du comte, » et elle dévoila tout.

La foudre fut tombée aux pieds de Catherine, qu'elle ne lui eût causé surprise ni émotion plus vive que celle qu'elle éprouva au récit de Corisande. Celle-ci ajouta : « Si vous consentez à un raccommodement avec le comte, je suis prête à vous aider; ne craignez rien; je me charge de tout, vous n'avez à vous occuper de rien. C'est le comte qui reviendra à vous. Seulement, un conseil : méfiez-vous de la Tignonville. »

La comtesse de Guiche avait un agent nommé Beaudeau qu'elle chargea d'une lettre pour M. de Soissons, lettre qui révélait au comte tout ce que Catherine venait d'apprendre et l'assurait de la sincérité des sentiments de la princesse à son égard.

Beaudeau trouva le comte à Chartres. Celui-ci, toujours irrité contre le roi, bien qu'ayant fait mine de reconnaître son autorité, venait de s'allier avec le cardinal de Bourbon. Tous deux étaient sur le point de s'unir contre lui et de créer par là de nouveaux embarras au royaume de France.

La remise de la lettre de la comtesse arrêta tout. L'amour du comte reprit un nouvel essor. Et, sans plus tarder, Charles écrivit cette lettre à la princesse.

« A madame la princesse Catherine de Bourbon.

« Non, madame, on ne meurt point de douleur, puisque je « n'ai pas succombé à toute celle que la cruauté de mon sort m'a « fait endurer. Quels chagrins, bon Dieu, n'ai-je point ressentis « depuis le funeste moment où je fus contraint de vous aban- « donner! Ce malheur n'est pourtant rien auprès de celui de « vous paroître criminel. Un lâche artifice alloit nous désunir « pour jamais, si l'amour, protecteur d'une si belle flamme, ne se « fut meslé de nostre réconciliation. J'allois vous perdre, ma « chère Altesse, et mon cœur, qui ne brûloit que pour vous, sen- « toit augmenter ses feux à proportion que je croyois les vostres « diminués. Mon désespoir s'est pourtant dissipé aussitôt que « vostre innocence s'est fait connoitre au travers des ombrages « de la jalousie, et je goûte plus que jamais le plaisir de vous « aimer. Êtes-vous dans les mêmes sentimens, ma belle enfant, « ou dois-je appréhender que les funestes impressions qu'on a « voulu vous donner de ma fidélité aient affoibli vostre tendresse? « Ce seroit le plus affreux de tous mes malheurs et si j'ai résisté « jusqu'ici à tous ceux qui me sont survenus, ma patience épuisée « ne pourroit soutenir cette dernière disgrâce.

« Charles de Bourbon. »

Voici la réponse de Catherine :

« Au comte de Soissons.

« Rien ne me persuade davantage que vous m'avez été fidèle, « que l'idée de ma propre constance. La mienne a été si parfaite, « mon cher comte, que je n'ai pas même souhaité de vous haïr « un moment. Si vostre félicité dépend de là, il n'y a jamais eu « d'amant plus heureux. Je verrai par vostre conduite si vos « assurances sont sincères. Ménagez le roi, et que vostre jalousie « dissipée vous fasse regarder vostre rival sans aigreur. Est-ce « point assez de l'avantage que mon amour vous donne sur lui? « Contentez-vous de cette victoire, aussi bien un amant vérita- « blement amoureux n'en reconnoît point d'autre que celle qu'il « obtient dans le cœur de ce qu'il aime.

« Catherine de Bourbon. »

Le cardinal de Bourbon, qui n'avait pas les mêmes raisons que Charles pour s'arrêter dans la voie où il venait de s'engager, faisait intriguer vivement auprès du pape pour faire tomber la couronne de France sur sa tête. Le roi le sut et fit appeler le comte de Soissons, le mit au courant de ce qui se passait à Rome et lui reprocha de s'être mêlé à la conspiration.

Le comte, qui venait de recevoir la lettre de Catherine, écouta la réprimande du roi avec le plus grand calme et accepta fort doucement le conseil qu'Henri lui donnait de dégager le cardinal des intrigues dangereuses où leurs ennemis et les siens l'engageaient insidieusement.

Le comte partit immédiatement pour Tours, où le cardinal présidait le Parlement de Paris qui y avait été transféré par ordre du feu roi, et il eut assez d'autorité sur l'esprit de son Éminence pour obtenir d'elle qu'elle renonçât à faire échec à l'autorité du nouveau roi de France.

Le comte de Soissons, après un service aussi signalé rendu à Henri IV, ne doutait pas que ce dernier ne consentît enfin à l'unir à sa sœur Catherine. Mais au premier mot que le comte dit au roi à ce sujet, celui-ci se renferma dans une telle réserve que Charles n'osa plus compter sur cette union qu'il souhaitait depuis si longtemps.

Ce fut à ce moment que le comte reçut de la comtesse de

Guiche une lettre qui l'engageait à venir dans le Béarn, lui déclarant qu'il n'en repartirait qu'après avoir épousé la princesse.

Ce message, qui contenait une si douce espérance, espérance affirmée encore par quelques mots de Catherine joints à la lettre de la comtesse, décida le comte à partir. Le roi faisait alors le siège de Rouen; les opérations militaires étaient peu actives; Charles put aisément quitter l'armée sous un prétexte quelconque et, avec du Perron seulement, il se rendit à Tours. Il prit la poste pour le Béarn, suivi de ses compagnies de gardes et de chevau-légers. Mais il semblait écrit que la fortune se montrerait contraire à tous ses desseins.

La Tignonville n'avait pas été sans s'apercevoir de la liaison de la comtesse de Guiche et de Catherine, elle en avait conçu des soupçons et supposait qu'elle avait pris naissance de mutuelles confidences que ces dames avaient dû se faire. Elle ne se trompait guère. Elle espionna et se tint si bien à l'affût de leurs entretiens qu'elle finit par apprendre que le comte était attendu.

Son premier soin fut d'avertir le roi; mais le courrier qui portait la nouvelle ne fut pas si diligent que le comte n'eût le temps d'arriver à Pau avant que le roi en fût prévenu.

Charles, qui ne doutait pas que son arrivée ne dût causer un véritable émoi et beaucoup de bruit, laissa ses gardes et ses chevau-légers dans un village à trois lieues de Pau, et il entra dans la ville suivi seulement de 6 cavaliers. Il alla droit au palais où la princesse l'attendait, et madame de Guiche, qui avait mission de le recevoir, l'introduisit auprès de Catherine.

Qu'on juge de la joie des deux amants et du bonheur de se revoir. Ils avaient échappé à tant d'intrigues et de dangers! et ils se retrouvaient l'un et l'autre avec les mêmes sentiments d'amour et de confiance qu'autrefois. Le comte témoigna à la comtesse de Guiche toute sa reconnaissance pour leur avoir dévoilé les ruses de leurs ennemis et leur avoir donné enfin les moyens de s'unir.

On s'occupa de suite du mariage. Catherine avait, pour le faire bénir, son ministre Cahier. Corisande fit venir un notaire qui, dans l'acte fait en double qu'il rédigea, inséra l'engagement formel pris par Catherine et Charles de s'épouser. Cet acte fut signé par la comtesse de Guiche et M. du Perron, comme témoins.

Cependant Henri IV, averti de l'arrivée du comte à Pau, dépêcha immédiatement en Béarn Pangeas, porteur d'un ordre formel au président du Parlement de Pau, de s'opposer au mariage de Catherine de Bourbon avec le comte de Soissons.

Pangeas fit si grande diligence qu'il arriva la veille du jour de la cérémonie; il se rendit de suite auprès du président du Parlement auquel il remit une lettre du roi, jointe à des instructions relatives à sa sœur et au comte. Le président fit immédiatement signifier les ordres du roi à la princesse. Il commanda qu'on fît bonne garde autour de l'appartement de cette dernière; qu'on n'y laissât entrer et sortir aucune personne suspecte. Les ordres du roi furent également signifiés à M. de Soissons et le premier président lui fit savoir que le Parlement se trouvait dans la nécessité de le prier de sortir immédiatement de la ville.

Jugez de l'étonnement douloureux et de la profonde surprise de Catherine et du comte. Celui-ci entra dans une violente colère. Il se rendit au Parlement et lui demanda compte des prétendus ordres du roi. Le Parlement le somma de se retirer sur le champ.

En même temps on enlevait à Catherine la plupart de ses domestiques; à peine put-elle obtenir de conserver près d'elle madame de Guiche, mais celle-ci était tellement observée qu'il lui était impossible d'avoir aucun entretien particulier avec sa maitresse, en sorte que ne pouvant parler, elles étaient obligées de se communiquer, par un échange de regards, leurs plus secrètes pensées.

Le château de Pau, où Catherine se trouvait, était surveillé au point que personne n'entrait ni ne sortait sans être scrupuleusement visité. Aussi le comte, pour faire parvenir une lettre à la princesse, dut-il recourir à un stratagème. Il confia sa lettre à du Perron qui connaissait très intimement le pourvoyeur de Madame. Cet homme introduisit la lettre du comte dans un citron en cire, puis il mit ce citron au milieu d'autres et avertit de la ruse madame de Guiche. Celle-ci, quand on servit le dessert, prit le citron, s'extasia sur sa beauté, sur sa grosseur, et l'offrit à Madame, comme un fruit véritablement digne de son admiration. Catherine comprit, accepta l'offre, mit le citron dans sa poche, disant qu'elle se réservait d'y goûter le lendemain; puis elle passa dans son cabinet et lut la lettre du comte. Cette lettre était ainsi conçue :

« A son altesse royalle Madame.

« Il est si peu de patience à l'épreuve des maux que j'endure, « Madame, que j'ai besoin de vos conseils pour soutenir ma « vertu. Je succombe, ma chère princesse, et je me trouve si misé- « rable que je désespère même que ce remède puisse réussir. « Quoi! Je vous perds et je me résoudrois à recevoir de vaines « consolations qui me feroient oublier un bien dont la possession « alloit m'assurer une félicité parfaite et dont la perte me rend « un exemple de malheur! Quelle furie, quel démon ennemi de « notre bonheur, s'est donc armé pour le traverser? Est-ce le « ciel? Sont-ce les enfers qu'il faut accuser? Pardon, ma chère « âme, si je fais paroitre à vos yeux des transports qui blesseront « votre délicatesse, mais ne pardonnerez-vous point à un amant « un excès de désespoir? Une grande passion excuse toujours de « grandes fautes et la mienne est si violente malgré tous les « soins qu'on prend de la fatiguer, qu'elle justifierait de plus « furieux mouvements. En veut-on à mes jours? Et que ne les « prend-on pas plutôt que de me faire vivre d'une vie plus « cruelle que mille morts?

« Charles de Bourbon. »

Catherine répondit aussitôt :

« Enfin, mon cher comte, la fortune nous afflige par degrés. « Je n'ai point senti de chagrin dont le dernier ne l'emportât « toujours sur le précédent. Quand sera-t-elle à son comble? « Hélas, il ne lui manque plus, pour achever ce funeste ouvrage, « que de m'effacer de votre cœur? mais, vous l'avourai-je? cet « effort me paroit tellement au dessus de son pouvoir, que je « défie presque sa cruauté; assurée de votre constance, je brave « toutes ces atteintes, et, comme j'unis la tendresse que j'ai pour « vous au désir que j'avois d'y être, l'amour sait rendre moins « insupportables les obstacles qui s'opposent au bonheur de

« Catherine de Bourbon. »

La réponse de Catherine fut remise à madame de Guiche avec recommandation de la faire passer au comte avant son départ; celle-ci chargea le même pourvoyeur qui avait apporté la lettre de Charles, de lui remettre celle de Catherine, et elle obtint de ménager au comte une entrée au château. Ce brave serviteur vit du Perron et lui remit la lettre de la princesse en le priant de la faire passer lui-même au comte.

Quant à faire pénétrer Charles dans le château, la chose paraissait impossible. On trouva cependant un moyen. Il fut convenu que le comte se déguiserait en courrier de cabinet, qu'il feindrait d'être envoyé par le roi et qu'il serait introduit auprès de la princesse par le frère du pourvoyeur, qui était secrétaire du premier président.

Le plan convenu fut exécuté à la lettre et le comte, admis auprès de Catherine, put demeurer quelques instants seul avec elle. De nouveau, les deux amants se jurèrent amour, constance et fidélité. « Je vous ai donné, dit Catherine au comte, un écrit « qui sera un témoignage perpétuel du désir que j'avois d'être à « vous. J'en ai un de votre main qui m'assure la même chose. « Que ce soit moins de ce signe que de votre cœur que vous tiriez « les raisons de me tenir parole... — Je prends ce que vous me « dites pour un gage assuré que vous ne changerez jamais et que « les nouveaux obstacles qu'on va peut-être mettre à notre « amour ne serviront qu'à vous enflammer davantage. »

C'est sous l'impression de ces paroles, qui peignaient si bien les sentiments de la princesse, que le comte de Soissons prit congé d'elle et partit pour Tours.

Catherine ne tarda pas à recevoir du roi l'ordre de se rendre à Saumur. Henri lui mandait en outre qu'il irait au devant d'elle jusqu'à cette ville.

Charles fut bientôt au courant du départ de la princesse et de sa rencontre avec le roi ; mais, loin de s'en réjouir, il éprouva un surcroît de chagrin, car il apprit en même temps que le prince de Dombes, devenu depuis duc de Montpensier, était du voyage, et qu'une entrevue devait avoir lieu à Saumur entre le duc et la princesse. Il demanda au roi de demeurer à Tours. Henri lui répondit de se tenir prêt à partir avec lui. Le comte fut forcé d'obéir et désespéré de devoir être témoin de la félicité de son rival.

Madame partit de Pau avec la comtesse de Guiche; elle arriva après plusieurs jours de marche dans un bourg situé à trois lieues de Saumur, où elle ne voulut entrer que le lendemain. Le roi était arrivé et le comte avec lui; celui-ci songea à revoir Catherine encore une fois; mais auparavant il confia son dessein à du Perron. Sur le conseil de ce dernier, il sortit de Saumur, sous prétexte de se rendre dans une maison de plaisance que M. du Plessis, gouverneur de Saumur, avait près de cette ville. Puis il s'habilla en turc, fit revêtir à du Perron un costume semblable, et ainsi déguisés, ils se rendirent tous deux à l'hôtellerie où Madame était descendue. Ils dirent qu'ils étaient marchands, qu'ils avaient en leur possession des bijoux et des objets précieux qu'ils allaient vendre en Espagne. Ils exhibèrent leurs prétendues marchandises aux gens de Catherine, qui, émerveillés, les introduisirent auprès de la princesse. Celle-ci refusa d'abord de les recevoir, car elle ne reconnaissait pas le comte; mais une fois devant elle, Charles rejeta son turban et sa fausse barbe et tomba à ses pieds....

Catherine poussa un cri de surprise et ne dissimula pas le bonheur que lui faisait éprouver la vue de son cousin; mais presque aussitôt elle lui fit part des craintes que lui inspirait son audacieuse entreprise, lui représentant quel danger il pouvait y avoir pour elle et pour lui à s'introduire ainsi, par une semblable ruse, auprès d'elle. Elle le conjura de ne pas la perdre par des témérités de ce genre, et, tout en l'assurant de la sincérité et de la vivacité de ses sentiments, elle le pria de s'éloigner, car le duc de Montpensier était annoncé, il allait venir.

Charles fut pris alors d'un violent accès de jalousie, il s'emporta et voulait que Catherine ne reçût pas le duc. Mais cela était impossible. M. de Montpensier était là qui attendait, on ne pouvait donc pas le congédier. Catherine n'eut même que le temps de faire entrer le comte dans un cabinet, et, allant immédiatement au devant du duc qui s'avançait, elle dut le recevoir dans sa chambre.

Après les compliments d'usage, le rival du comte de Soissons déclara qu'il était heureux d'avoir été choisi par le roi pour être l'époux de la princesse et qu'il appelait de tous ses vœux le jour bienheureux où ses plus chères espérances seraient réalisées. Catherine lui répondit : « Je sais que le choix du roi vous destine « à être son beau-frère, je sais même que vous avez un grand

« fonds de mérite et que je puis lui obéir sans rougir; mais je « suis en même temps persuadée qu'on ne doit point tenter un si « grand engagement sans qu'une longue fréquentation fasse con- « naître ceux qui doivent le remplir. De grâce donc, Monsieur, ne « pressez point la conclusion du mariage, qui, tout avantageux « qu'il est, me réduirait au désespoir si je n'étais pas en état de « profiter de votre honnêteté. »

« Quoi, Madame, reprit le duc, vous voulez prolonger un « temps qui ne fera qu'impatienter mon amour, sans vous faire « peut-être obtenir ce que vous désirez. — Comment, Monsieur, « interrompit Catherine, vous voulez épouser une princesse à « laquelle vous ne laissez pas le loisir de vous aimer? — Soit, « Madame, j'attendrai, je vous obéirai dans l'espoir que vous « daignerez bientôt souscrire à mes désirs. »

La nuit approchait quand on vint avertir Madame qu'un fourneau crevé venait de mettre le feu à la chambre voisine, que déjà les meubles brûlaient et qu'il était à craindre que bientôt la maison tout entière ne devînt la proie des flammes.

Catherine, qui ne savait où se sauver, se laissa conduire dans une autre pièce par le duc de Montpensier. Le comte de Soissons et du Perron étaient toujours enfermés dans le cabinet de la princesse, mais celle-ci, qui, sous prétexte d'aller prendre un objet oublié dans son cabinet, avait quitté un instant M. le duc, vint délivrer les deux prisonniers qui purent partir sans que celui-ci s'en aperçût. Malheureusement l'hôtelier les rencontra. Les voyant se sauver, il cria que c'était eux qui avaient mis le feu et les fit arrêter. On se disposait à les conduire devant le juge, quand la princesse intervint et tenta de prouver leur innocence. Le peuple ne voulait rien entendre. Le duc alors pour l'apaiser joignit ses efforts à ceux de Catherine, il demanda que l'on s'en rapportât à lui, qu'il se chargeait de faire punir les coupables qu'on fit monter en voiture sous prétexte de les conduire à Saumur.

Pendant ce temps la princesse s'était évanouie. Elle demeura longtemps sans connaissance, et lorsqu'elle revint à elle, sans prendre garde au duc de Montpensier qui était à ses côtés, sa première parole fut de demander si le comte de Soissons était en sûreté. A ces mots, M. de Montpensier sortit aussitôt. « Quelle

« imprudence, s'écria madame de Guiche, parler ainsi devant le « duc! il est allé sans doute retrouver le comte. — Que voulez-« vous, reprit Catherine, j'avais la tête perdue. » Le duc s'était en effet rendu dans la chambre où il avait donné ordre que l'on retînt M. de Soissons. Mais celui-ci avait gagné ses gardiens à l'aide de quelques pièces d'argent et était parvenu à s'évader. Les gens chargés de le garder avaient également disparu.

Le duc revint alors auprès de Madame, mais pour prendre aussitôt congé d'elle; il s'éloigna avec froideur, disant qu'il se souviendrait de la prière que la princesse venait de lui faire et qu'il ne s'opposait plus à ce que leur mariage fût différé.

De retour chez lui, monsieur de Montpensier écrivit à Catherine la lettre suivante :

« Que vos yeux, Madame, expriment vivement ce que votre « cœur pense! J'y ai vu toute l'indifférence que vous avez pour « moi et j'y ai découvert des sentiments dont je serois jaloux, si « j'avois des droits assez essentiels sur votre cœur pour prétendre « qu'il ne fût qu'à moi. J'ai moins de présomption, divine prin-« cesse, mais je n'en souffre pas avec moins de violence les obsta-« cles que votre insensibilité met à mon bonheur. Que mon amour « est tendre! Qu'il est extrême! Adieu, Madame, il va me faire « expier dans la sollitude le malheur de n'avoir pu vous plaire.

« Henri de Bourbon. »

Le brusque départ du duc de Montpensier intrigua fort la cour. Le roi en fut mortifié; il envoya au duc courrier sur courrier pour le décider à revenir. Il n'osa parler de son dépit à Catherine, de peur de l'aigrir davantage. Mais il fit notifier au comte de Soissons qu'il eût désormais à s'abstenir de tout entretien particulier avec sa sœur.

La cour quitta Saumur pour se rendre à Mantes, où le roi retrouva Gabrielle d'Estrées. Catherine, prévenue par la comtesse de Guiche, fit un accueil des plus froids à la nouvelle maîtresse de son frère. Cette dernière, mortifiée elle-même d'être obligée de faire sa cour à la princesse, ne put y tenir et obtint presque immédiatement d'Henri IV la permission de quitter Mantes. Le roi l'accompagna et emmena avec lui le comte de Soissons en Picardie, tandis que Catherine demeurait à Mantes.

Ce fut à cette époque que le roi de Navarre se convertit au

catholicisme; il se rendit à Saint-Denis le 25 juillet 1593, et là, à la porte de la cathédrale, il abjura ses erreurs passées. Aussitôt il envoya au pape ambassade sur ambassade pour obtenir son absolution; il l'obtint, mais ce ne fut pas sans difficulté. Si ses opinions s'étaient modifiées à l'égard des catholiques, il n'en conservait pas moins les mêmes sentiments que par le passé à l'endroit de Catherine et du comte de Soissons et, plus que jamais, il se montrait désireux de rompre leur liaison.

Catherine était à Fontainebleau lorsque le roi y arriva avec Charles. Lyon, Bourges, Meaux et plusieurs autres places venaient de se rendre. Le comte eut dès lors occasion de voir tous les jours la princesse en public; mais cela ne lui suffisait pas, bien que le roi l'eût averti de se garder d'aucun entretien particulier avec sa sœur. Ce conseil équivalait à un ordre. Le comte déclara à Catherine qu'il ne pouvait s'y soumettre, et celle-ci lui fit savoir par un mot qu'elle chercherait tous les moyens de lui donner satisfaction, en lui ménageant, s'il était possible, une entrevue secrète.

La comtesse de Guiche vint à leur secours; elle prit, avec de la cire, l'empreinte de diverses clefs qui ouvraient l'appartement de Catherine et en fit faire de semblables. Elle les envoya au comte de Soissons qui, le même soir, à onze heures, se rendit chez Madame, après s'être préalablement rendu méconnaissable, grâce à un nouveau déguisement qu'il avait pris.

Les deux amants continuèrent à se rencontrer chaque soir à la même heure et de la même façon. Leur joie était sans nuage; ils passaient le jour à s'écrire, la nuit à causer. La comtesse de Guiche assistait toujours à leur entretien. Ils étaient heureux, lorsque la fortune vint encore une fois se tourner contre eux, et plus que jamais leur faire sentir le poids de ses rigueurs.

Un soir que le roi se rendait assez tard chez sa sœur, il fut fort surpris d'entendre un coup de sifflet retentir au pied d'un escalier donnant accès à une porte qu'il croyait condamnée. Il se rendit aussitôt du côté où le bruit s'était produit, et, descendant l'escalier à moitié, il entendit une voix, qu'il reconnut pour être celle de du Perron, lui dire : « Est-ce vous, la Varenne? — Oui, » reprit le roi, en déguisant sa voix. Aussitôt on lui remit une lettre entre les mains; il la prit, se retira et rentra dans son appartement, au lieu d'aller chez sa sœur. La lettre ne portait pas d'adresse et n'était pas signée, mais le roi devina sans peine qu'elle était destinée à Catherine et qu'elle venait du comte de Soissons. Elle était ainsi conçue : « Mon amour n'étoit-il point « assez fort, ma chère enfant? Falloit-il que vous me paroissiez « si belle hier? Je sens que mon ardeur est encore augmentée. « Qu'elle est violente! Que mon bonheur est rare! Il commence « à me paroître trop grand. Une félicité plus traversée est aussi « plus durable. Vous le dirai-je? Un calme aussi long me fait « appréhender une rude tempête. Adieu, ma chère adorable, je « trouve les jours si ennuyeux depuis qu'il ne m'est plus permis « de vous voir que le soir, que je ressemble quelquefois aux poètes « qui font des vœux au soleil pour le prier de hâter sa course. »

Éclairé par cette lettre, le roi fit espionner le comte ; il donna ordre à deux de ses hommes de le suivre partout où il irait, sans toutefois qu'il pût s'en apercevoir. Les deux espions reçurent des clefs ouvrant toutes les portes du château.

M. de Soissons s'aperçut bien vite qu'il était épié ; aussi, pour dépister les agents du roi, fit-il mille tours et détours. Mais bientôt, se sentant serré de près, il allait mettre l'épée à la main, lorsque, réfléchissant au scandale qui allait s'en suivre, il résolut de regagner son appartement, où il fut gardé à vue jusqu'à deux heures du matin.

Le roi fut immédiatement informé de ce qui s'était passé. Le comte, de son côté, avait fait prévenir Catherine de ce qui venait de lui arriver. Celle-ci reçut le lendemain la visite de son frère. Henri commença par lui dire qu'il était au courant des relations secrètes qu'elle continuait à entretenir avec le comte de Soissons. Il est vrai, répondit-elle, que je vois le comte, usant en cela de la liberté que vous m'avez laissée de choisir l'époux qui me conviendrait. Je connais le motif qui vous pousse à retirer votre parole. Mais je sais aussi que le comte de Soissons n'est pas coupable des infamies dont on l'accuse, qu'il n'est pas responsable des calomnies qu'on a semées sur son compte et que vous-même avez écoutées avec complaisance. Croyez-moi, mon frère, renoncez à user de fallacieux prétextes pour nous séparer et avouez hautement que la seule raison, et la meilleure que vous puissiez invoquer, est que votre volonté s'oppose à notre union. —

Cette raison serait suffisante pour bien des gens, reprit le roi, et vous savez que je puis m'en servir contre ma sœur aussi bien que contre toute autre personne. — Je vous entends, monsieur, vous voulez me faire sentir que vous êtes le roi, vous devriez pourtant savoir que votre pouvoir ne va pas jusqu'à faire aimer ce qu'on ne peut souffrir, et que jamais vous ne me forcerez à donner ma main au duc de Montpensier qui n'a pas mes sympathies. Les choses sont dans un tel état qu'il ne me serait plus possible de les changer, alors même que je le voudrais, car, par un double écrit, nous nous sommes mutuellement engagés, M. de Soissons et moi, à n'être jamais à personne, et à nous épouser aussitôt que nous aurons la liberté de le faire. — Vous avez pris cet engagement, sans m'en communiquer les termes? s'écria le roi. — Oui, Monsieur, et je n'attends plus que la cérémonie pour ratifier le pacte que déjà nos cœurs ont conclu. — Vous avez raison, dit le roi, la postérité vous tiendra compte de cette belle action et je ferai en sorte qu'on en grossisse l'histoire de mon règne. — Fort bien, répartit Catherine, mais peut-être se trouvera-t-il des historiens qui sauront faire connaître à la postérité les duretés que vous avez pour moi. »

Cette réponse choqua le roi qui dit à sa sœur : « Vous êtes forte, Madame, sur le chapitre des récriminations et vous seriez désolée de m'avoir épargné le chagrin d'un reproche. » Il sortit sur ces mots, laissant Catherine plongée dans la douleur et sous le poids d'un inconcevable abattement.

Rentré dans son cabinet, Henri fit appeler de Rosny et le consulta sur le moyen à employer pour vaincre une passion aussi profonde. « Laissez en repos votre sœur et le comte, dit de Rosny. Vous avez à vous occuper d'autres affaires. — Lesquelles? dit le roi. — Votre Majesté n'ignore pas que j'ai entamé des négociations avec M. de Villars relativement à la soumission de la Normandie ; si l'on tarde, il faut craindre qu'il se laisse séduire par le roi d'Espagne et le duc de Mayenne. — Ni la Normandie, ni tout l'univers, reprend le roi, ne m'intéressent autant que cette affaire, occupez-vous-en de suite. — Je veux bien le faire, dit de Rosny, mais, pour Dieu, n'allez pas dire que vous m'en avez chargé. »

De Rosny se rendit chez Catherine. Il trouva le comte de

Soissons et madame de Guiche qui lui parlèrent de la vive opposition qu'Henri IV faisait au mariage de Charles avec la princesse, et ils le supplièrent d'user de l'influence que lui donnait la confiance du roi pour obtenir qu'il accordât enfin son consentement à cette union tant désirée. Le rusé matois leur dit alors qu'il n'y avait qu'un moyen d'adoucir le roi, c'était de paraître s'en remettre complètement à lui, en lui livrant les écrits constatant l'engagement qu'ils avaient pris l'un envers l'autre. « Ce sera là, ajoutait-il, un acte de soumission qui devra flatter et toucher le roi et dès lors il n'y a plus de doute qu'il ne donne son consentement. »

Ce conseil fut accepté, mais avec quelque difficulté, par les deux amants. Ils se décidèrent à remettre les pièces que de Rosny leur demandait, consentant à ce qu'il déclarât au roi qu'ils reconnaissaient avoir eu tort de s'engager à son insu et qu'ils étaient prêts à renoncer à leur mutuelle prétention. Mais en même temps ils lui recommandèrent de ne pas se dessaisir des pièces qu'ils lui confiaient.

Le roi eut l'air d'être touché de leur procédé et parut leur pardonner. Charles et Catherine purent de nouveau se voir tous les jours. Ils croyaient que leurs peines allaient finir et leur mariage enfin se célébrer..... Vain espoir !

Paris était à la veille d'ouvrir ses portes à Henri IV. En effet, le roi entra dans la capitale le 21 mars 1594. Plusieurs provinces avaient fait également leur soumission. De ce nombre était la Normandie, dont le gouvernement avait été donné au duc de Montpensier.

Le roi n'avait pas renoncé à faire épouser sa sœur par le duc. Il dépêcha vers lui le marquis de Rosny pour renouveler ses propositions à cet égard et le presser de conclure l'union projetée.

De Rosny trouva M. de Montpensier fort peu disposé à accueillir les projets du roi. Il savait que Catherine n'avait aucune sympathie pour lui et que toutes ses pensées étaient pour le comte de Soissons. « Mais, prince, lui dit de Rosny, si l'on vous prouvait que le comte et la princesse ont renoncé l'un à l'autre?.... » Et comme le duc paraissait n'y pas croire, de Rosny lui mit sous les yeux les pièces que Charles et Catherine lui avaient confiées.

M. de Montpensier vit là une preuve concluante de la rupture des deux amants, il se montra rassuré et promit de se rendre à Paris.

De Rosny alla rejoindre Henri IV à Amiens, et celui-ci lui donna l'ingrate mission de se rendre à Fontainebleau auprès de Catherine pour lui faire connaître la volonté de son frère.

A peine de Rosny eut-il appris à la princesse l'objet de sa démarche qu'elle s'écria : « Quoi, le roi me trompe une seconde « fois, et c'est vous qui osez vous charger d'une pareille commis- « sion ! — Que voulez-vous, Madame, c'est un roi qui l'ordonne, « et qui veut que je lui obéisse. — Je ne saurais m'imaginer, « répliqua-t-elle, que mon frère ait recours de lui-même à des « moyens aussi bas et aussi lâches que ceux dont il se sert pour « parvenir à rompre l'union de deux cœurs sincèrement attachés « l'un à l'autre. Il n'y a que vous qui soyez capable de lui « donner de pareils conseils. » Et aussitôt elle se leva et sortit, laissant de Rosny plongé dans un étonnement inexprimable. Elle alla dans son cabinet et écrivit immédiatement au comte la lettre suivante :

« Au comte de Soissons.

« Je meurs, mon cher comte, tout s'est enfin déclaré contre « nous. Le perfide Rhony nous trompoit dans le temps qu'il « sembloit nous servir, et le roi le faisoit agir ; que ferons-nous « pour sortir de cet affreux labirinthe où l'amour et la bonne foi « nous ont trop engagez ? Je n'y voi plus d'autre moyen que « nostre constance ; mais que nous avons souvent mais inutile- « ment tenté ce remède ! Il a seu nous faire developer les laches « artifices de nos ennemis, mais il n'a pu nous mettre au dessus « de leurs atteintes. Combien de fois avons-nous cru être à bout « de nos peines, et combien de fois y sommes-nous retombez ?... « Ha, je succombe, et ma patience fait ses derniers efforts ! Que « scai-je, peut-être suis-je au désespoir !

« Catherine de Bourbon. »

Cette lettre trouva le comte à Noyon dont le roi venait de s'emparer. A sa lecture, Charles entra dans une violente colère ; mais, cherchant à dissimuler tout son ressentiment, il répondit aussitôt à Catherine :

« A son Altesse royale.

« Madame, de toutes les choses de la vie, il n'y a que le « malheur où l'on ne puisse s'accoutumer, nous en avons pour- « tant essuyés de tant de sorte que nous devrions y être faits. « Quelles disgraces n'avons-nous pas ressenties, ma chère prin- « cesse? Et de combien encore d'infortunes sommes-nous encore « menacez? Quoi! Je vous perds, mon adorable! Je ne vous « posséderai point! Un odieux rival sera l'heureux possesseur de « tant de charmes! Et je ne meurs pas de douleur, ou plutost je « permets encor qu'il vive! Dieu d'amour, pour qui destines-tu « tes faveurs? Et si c'est aux parfaits amans, qui devoit y pré- « tendre plus légitimement que nous? Ah! j'extravague, divine « princesse, et je parle à une chimère, quand je ne dois parler « qu'à vous! Que vous dirai-je, ma tendre Altesse? c'est le carac- « tère des grandes douleurs de faire perdre l'esprit et je ne scai « si mes malheurs ne me conduiront point bientost jusques là.

« Charles de Bourbon. »

Charles et Catherine accusaient donc de Rosny des obstacles sans cesse renaissants qui venaient traverser leur amour. De Rosny, ne sachant comment leur ôter cette idée de l'esprit, se trouvait fort embarrassé, lorsqu'un motif d'intérêt vint opérer un rapprochement entre la princesse et lui.

Catherine ne pouvait obtenir qu'on lui payât régulièrement la pension qui lui était due : de Rosny s'entremit pour en faciliter le paiement; il réussit pleinement, et dès lors Madame se montra disposée à entendre les raisons qu'il avait à donner pour sa justification.

Le comte de Soissons avait quitté Noyon en même temps que le roi pour se rendre en Champagne et de là retourner à Paris. Madame dut se rendre dans cette ville auprès du roi; elle eut presque aussitôt une entrevue avec le comte, dans laquelle, après s'être donné de nouveaux témoignages de tendresse et de fidélité, ils se concertèrent sur la conduite qu'ils devaient tenir pour ne plus se laisser surprendre.

Dans le même temps, M. de Montpensier venait d'arriver également à Paris. Le roi le présenta de nouveau à sa sœur, qui, obligée de garder des ménagements à l'égard du duc, le reçut avec une grande apparence de considération. Celui-ci, ravi de l'accueil de Catherine, en tira un heureux présage. Il se flatta de n'être plus haï de la princesse. Le roi lui-même crut qu'elle se rendait à ses observations et à ses remontrances. Quant au comte de Soissons, il n'était pas sans inquiétude et était loin d'être rassuré par la réception si cordiale, du moins en apparence, que Catherine venait de faire au duc de Montpensier.

Mais la politique lui suscita d'autres ennuis et bientôt M. de Montpensier ne fut plus le seul prétendant à la main de la princesse, d'autres rivaux vinrent se mettre sur les rangs.

Charles III, duc de Lorraine, avait été mêlé si intimement aux intrigues de la Ligue, qu'on l'accusa d'avoir osé aspirer à la couronne de France. Il était époux de Claude, fille de Henri II, et croyait que son union lui donnait des droits à la succession d'Henri III. Catherine de Médicis, sa belle-mère, n'avait rien négligé pour encourager ses prétentions, et le duc avait tout lieu d'espérer qu'il obtiendrait par ses services l'avantage d'augmenter tout au moins son petit État. Cependant la conversion du roi avait détruit les espérances de la Ligue ; Charles de Lorraine tenta alors de se rapprocher d'Henri IV et fit entamer des négociations avec la cour de France par Bassompierre, gentilhomme allemand, qui était établi en Lorraine depuis vingt ans, comme son fils s'établit en France quelques années plus tard.

Un traité ne tarda pas à être conclu entre le duc de Lorraine et le roi de France, et l'on crut généralement qu'au nombre des principaux articles du traité, il en était un qui décidait le mariage de Catherine avec Henri, duc de Bar, fils aîné de M. de Lorraine.

Le comte de Soissons avait encore un autre rival, et celui-là paraissait le plus redoutable ; c'était Charles de Lorraine, duc de Guise. Il venait de traiter avec le roi à des conditions très avantageuses, et il arrivait à la cour, fier et superbe, semblable à tous les princes de sa maison. Il était si beau et si bien fait qu'il attira immédiatement tous les regards des plus jolies femmes de la cour. Elles cherchèrent toutes, par mille séductions, à toucher son cœur et à s'assurer la gloire d'une si belle conquête.

Ce fut en vain : le duc de Guise s'était épris de Catherine de Bourbon, et déjà celle-ci s'était aperçue de l'amour du duc, qui ne doutait pas que Madame ne partageât les sentiments qu'il avait pour elle.

Mademoiselle de Guise, sa sœur, faisait une cour assidue à la princesse, et elle paraissait avoit hérité auprès de cette dernière de l'influence de la comtesse de Guiche qu'une affaire urgente venait de rappeler à Bordeaux. Elle encourageait vivement la passion de son frère et voulait lui ménager une entrevue avec Catherine. Elle s'entendit pour cela avec Sébastien Zamet, homme riche et puissant, chez qui la princesse avait l'habitude d'aller dans le cours de ses promenades. A un jour convenu, Zamet organisa une grande fête. Catherine, qui n'en savait rien, arriva à l'entrée de l'avenue conduisant à la maison. Quelle ne fut pas sa surprise de trouver là des danseurs déguisés en faunes et en dryades, qui se poursuivaient et prenaient leurs ébats, au milieu d'une nombreuse assistance!

Zamet vint au-devant de la princesse; il l'introduisit dans une salle magnifique où une collation composée des mets les plus délicats était servie, tandis que les premiers chanteurs de Paris faisaient entendre un concert délicieux.

Au même instant on vint avertir Zamet que le duc de Guise, accompagné de plusieurs grands seigneurs, arrivait au château. Catherine comprit immédiatement la petite comédie que l'on avait organisée; mais elle se promit de déjouer tous les plans de M. de Guise.

Après la collation, qui dura jusqu'au coucher du soleil, on se promena dans les jardins, au milieu des fleurs, des statues et des cascades. Lorsque la nuit fut venue, un feu d'artifice, qui émerveilla l'assistance, fut tiré; puis on rentra dans les salons, un bal fut organisé et l'on dansa bien avant dans la nuit.

Enfin on parla de retourner à Paris. M. de Guise s'était entendu avec Zamet, et avait pris ses mesures de façon à avoir un entretien avec Catherine. Celle-ci était montée dans son carrosse, mais à peine le véhicule eut-il fait deux tours de roue, que la flèche se rompit et qu'il s'arrêta. Le duc, qui était là, s'élança aussitôt auprès de la princesse et lui offrit une place dans sa propre voiture. Catherine fut obligée d'accepter; elle se plaça dans le fond avec mademoiselle de Guise, et le duc de Guise avec le marquis de Bassompierre s'installèrent sur le devant. Le marquis entama aussitôt une conversation avec mademoiselle de Guise, laissant ainsi le duc s'entretenir avec Catherine; celui-ci voulut lui parler d'amour; elle refusa de l'écouter, lui faisant comprendre que son cœur n'était pas libre et qu'elle avait pris des engagements. « Au surplus, ajouta-t-elle, vous ne pouvez pas être à moi et l'expérience a trop fait connaître que le sang royal, mêlé au sang des de Guise, ne peut produire qu'une alliance dangereuse. Quelque fidèle que vous soyez au roi, pensez-vous qu'il oublie que vous êtes le fils d'un père qui a tout tenté pour lui ravir la couronne de ses aïeux?... Non, le roi connaît trop bien ses intérêts, et il suffit que vous sachiez mes engagements pour bannir de votre cœur une flamme que ni lui ni moi ne pouvons approuver. — Madame, s'écria le duc, vous aimez M. de Soissons, qu'il est heureux! Croyez que le triomphe de mon rival ne me fera pas cesser de vous aimer. »

La conversation ne prit fin qu'au terme du voyage, à trois heures du matin quand on arrivait à Paris. Le duc ramena Catherine au Louvre; il lui offrit la main pour descendre du carrosse, et il la reconduisait à ses appartements, lorsqu'en traversant une galerie ils se trouvèrent en face de M. de Montpensier qui venait de jouer chez le roi et qui ne dissimula pas sa surprise en voyant le duc de Guise avec Madame. Il avait eu connaissance de la fête donnée par Zamet, mais il ignorait que M. de Guise y assistât. Il crut à une nouvelle intrigue de Catherine et en éprouva un vif mouvement de jalousie. Le lendemain il alla se plaindre au roi du peu de ménagement qu'on avait pour sa personne. « Après M. de Soissons, dit-il, voilà M. de Guise. Suis-je donc venu ici pour voir triompher de nouveaux amants? Au nom de Dieu, sire, faites cesser une concurrence aussi inégale ou bien dispensez-moi d'obéir aux ordres que vous m'avez donnés. »

Henri IV saisit aussitôt le conseil de cette affaire; il fit déclarer par le chancelier que le duc de Guise avait tort d'aspirer à la main de sa sœur et qu'il y avait lieu de s'opposer à une telle union qui ne manquerait pas de relever les espérances de la Ligue et de susciter à l'État de nouveaux troubles.

On convint alors de donner au duc de Guise le gouvernement de la Provence, afin d'avoir un motif de l'éloigner de la cour. D'un autre côté, le roi signifia à M. de Soissons de ne plus songer désormais à la princesse, et, pour adoucir la rigueur d'un pareil ordre, il fit conseiller au comte d'épouser mademoiselle de Montafié, l'une des plus riches héritières de France.

En même temps le roi déclara nettement à sa sœur que, si elle ne voulait pas accepter le duc de Montpensier, elle eût à prendre pour époux le duc de Bar, fils aîné de M. de Lorraine. Peine inutile; Catherine aimait plus que jamais le comte de Soissons. Ordres sévères, menaces, prières, colère du roi, rien n'y fit; elle aimait le comte et rien ne pouvait ébranler sa constance.

Pour se débarrasser des sollicitations continuelles dont elle était l'objet, Catherine résolut de se retirer à la campagne, à douze lieues de Paris, dans une maison appartenant à M. du Plessis-Mornay. Elle ne quitta pas la capitale sans avoir eu une nouvelle entrevue avec le comte de Soissons.

Dans la solitude qu'elle avait choisie, Catherine goûta les douceurs d'une vie calme et paisible, loin du tumulte et de l'agitation de la cour, sur les bords de la Seine, en compagnie de madame du Plessis-Mornay.

Le duc de Bar, auquel le roi voulait la marier, n'avait alors rien qui pût le faire préférer à M. le duc de Montpensier; mais ne devait-il pas bientôt posséder un des plus beaux États de l'Europe? Et le roi ne doutait pas que Catherine dût avoir moins de répugnance à épouser le futur duc de Lorraine, qu'un duc de Montpensier qui, pour tout bien, n'avait qu'un titre, le titre de prince du sang.

Encouragé par le roi, M. de Lorraine envoya donc un ambassadeur à Paris demander la main de Catherine pour le jeune duc de Bar, son fils. L'ambassade arriva en grande pompe. A sa tête était le marquis de Haraucourt, qui, aussitôt après avoir obtenu audience du roi, s'empressa d'aller par lui-même s'assurer des sentiments de la princesse.

Madame le reçut fort bien, mais ne le contenta guère; elle lui fit une réponse un peu vague qui ne pouvait le satisfaire. Malgré cela, le bruit courut à Paris que l'ambassadeur avait pleinement réussi, ce qui ne laissa pas que de causer une vive inquiétude aux prétendants.

M. de Guise chercha à se ménager une entrevue avec Madame; il se fit renseigner, par des gens à lui, sur les personnes de la maison qu'elle habitait, et quand il eut toutes les indications nécessaires, il se déguisa en postillon et s'introduisit dans cette maison ; il se blottit près du pavillon situé dans le jardin, où il savait que Madame venait passer tous les après-dîners. Il attendait depuis une heure quand il aperçut Catherine et M. de Soissons qui se dirigeaient de son côté; il se cacha sous une rocaille, de manière à pouvoir tout entendre sans être vu.

Le comte et la princesse s'entretenaient de leur amour, ils s'assuraient de leur fidélité et de leur constance, s'accablant de protestations sans fin, échangeant les plus doux serments, se jurant encore une fois de résister à tous les efforts que l'on pourrait tenter dans le but de les désunir.

Sur ces entrefaites, une des femmes de la princesse vint l'avertir que le duc de Montpensier venait d'arriver et que, la sachant au jardin, il s'apprêtait à venir l'y trouver.

Catherine, sans se déconcerter, donna l'ordre à cette femme de mettre le comte en sûreté et en même temps elle se rendit au devant de M. Montpensier.

Quant au duc de Guise, la conversation qu'il venait d'entendre ne lui laissait plus de doute sur les sentiments de la princesse, et désormais il ne pouvait plus ignorer que seul le comte de Soissons était et serait toujours aimé d'elle. Malgré cela, le démon de la jalousie l'avait mordu au cœur ; il sortit de sa cachette et suivit l'avenue qu'il trouva devant lui ; mais bientôt, rencontrant plusieurs chemins devant ses pas, il s'égara et prit justement celui qui l'éloignait de M. de Soissons.

Pendant ce temps, le duc de Montpensier se dirigeait vers le cabinet de verdure où il savait rencontrer la princesse ; ne l'y trouvant pas, il la chercha de divers côtés et bientôt il se trouva en face du duc de Guise, qu'il reconnut malgré son déguisement ; celui-ci, ne trouvant pas le comte de Soissons, cherchait à rejoindre son valet Livron qui l'avait introduit dans la propriété de M. Duplessis-Mornay.

M. de Montpensier, surpris de cette rencontre inopinée, et plus que jamais persuadé que Madame lui préférait le duc de Guise, revint brusquement sur ses pas. Il rencontra Catherine, mais il l'accueillit si froidement et la quitta si brusquement qu'elle fut saisie de la crainte qu'il eût aperçu le comte de

Soissons; de plus, quelques reproches vagues que le duc lui adressa achevèrent de la troubler, et elle se demandait comment allait finir cette aventure, pendant qu'à quelques pas de là se passait un événement bien autrement sérieux.

Du Perron, qui avait accompagné le comte de Soissons, fatigué de l'attendre, se promenait, pour prendre patience, sur les bords de la Seine. A un certain endroit de sa promenade, il aperçut un équipage qui attendait: un valet gardait des chevaux d'une si grande beauté que du Perron ne douta pas qu'ils dussent appartenir à quelque grand seigneur, et bientôt il les reconnut pour ceux de M. de Guise. Dès lors, il n'eut rien de plus pressé, aussitôt que le comte de Soissons l'eut rejoint, que le mettre au courant de ce qu'il avait vu.

Le comte, s'imaginant que Catherine lui avait caché la visite du duc de Guise, éprouva, lui aussi, un violent mouvement de jalousie; il se fit conduire par du Perron à l'endroit où était l'équipage et attendit, caché derrière un tronc d'arbre. Il aperçut bientôt M. de Guise qui, après avoir escaladé la palissade du parc, sauta dans un bateau et vint rejoindre le bord du fleuve où ses chevaux étaient restés.

Dès qu'il eut reconnu son rival, le comte se leva furieux et marcha droit à lui; le duc, de son côté, toisa le comte des pieds à la tête et mit l'épée à la main. M. de Soissons dégaina sur-le-champ. Le combat ne fut pas long : le comte, blessé au bras, traversa d'un coup d'épée la cuisse du duc de Guise qui tomba baigné dans son sang, puis il le désarma. Un instant après, il lui rendit son épée, pansa sa plaie, envoya chercher sa propre voiture, y installa le blessé et revint à Paris avec l'équipage du vaincu. Le duc se rendit à la ville la plus prochaine; il y fit examiner sa blessure par un médecin qui déclara qu'elle n'avait aucune gravité, et il rentra à Paris.

De son côté, M. de Montpensier était dans un tel état de fureur et de jalousie qu'il avait absolument renoncé à la main de la princesse; il avait prévenu le roi de son dessein, lui affirmant que Catherine préférait le duc de Guise, qu'il le savait à n'en pouvoir douter.

M. de Montpensier se retirait donc. On supposait que le duc de Lorraine, après le combat du duc de Guise et du comte de Soissons, allait également renoncer à ses prétentions sur Catherine, et le roi, qui pouvait croire que le comte de Soissons allait rester le seul prétendant à la main de sa sœur, se montrait fort irrité. Il résolut de la forcer à épouser de suite le duc de Bar et lui ordonna de revenir à Paris.

En même temps, M. de Guise recevait l'ordre de partir immédiatement pour son gouvernement. Il s'exécuta et voyagea en litière à cause de sa blessure. Le comte de Soissons, de son côté, se voyait défendre, d'une façon absolue, de chercher à obtenir de Catherine le moindre entretien secret, et M. de Montpensier fut prié de continuer ses visites, pour empêcher qu'aucun soupçon ne vînt à naître dans l'esprit de l'ambassadeur de Lorraine.

Henri accueillit sa sœur avec tant de froideur qu'elle en fut entièrement déconcertée. Il la conduisit dans son cabinet, et là, il l'accabla de reproches si durs et si cruels qu'elle fondit en larmes. Le roi parut insensible à sa douleur, et lui dit avec un ton de fierté qui ne lui était pas habituel : « Qu'il était nécessaire qu'elle apprît enfin, une fois pour toutes, qu'une fille et sœur de roi se devait au bien public ; qu'en se sacrifiant au bonheur de l'État, elle ne ferait que remplir son devoir ; qu'après tout, elle n'était pas si malheureuse qu'elle le disait, qu'il avait bien voulu lui laisser le choix d'un époux, mais qu'il s'était cru en droit de croire qu'elle n'hésiterait pas davantage à épouser M. de Bar... Il ajouta que si elle ne faisait pas la chose de bonne grâce, il serait obligé de lui faire sentir qu'il voulait être roi, et qu'il ne lui donnait que le reste de la nuit pour se déterminer. »

La princesse demeura seule, en proie à une vive affliction, et plongée dans un accablement extrême. Elle ne savait à qui demander conseil. Madame de Guiche était en Gascogne, mademoiselle de Guise lui était suspecte. La plupart des dames d'honneur étaient pensionnées par le roi et servaient ses intérêts. Il ne restait à Catherine que madame de Pangeas en qui elle eût quelque confiance, mais dont elle ne pouvait espérer un avis assez prompt d'où pourrait naître le salut tel que le comportait le moment présent. Madame songea à s'adresser à M. du Plessis. Mais malheureusement il avait la goutte et ne pouvait sortir de chez lui. Elle fit alors immédiatement venir une voiture, et après avoir revêtu un habit d'homme qu'elle avait mis dans un bal où le comte de Soissons devait la reconnaître à un ruban bleu et or qu'elle avait à l'épaule, et qu'elle ne songea pas à enlever, elle se rendit avec madame de Pangeas chez M. du Plessis.

Celui-ci était trop bon sujet du roi pour donner à Catherine le moindre conseil qui pût porter atteinte à l'autorité de son maître. Il lui conseilla de céder dans l'intérêt de l'État, ajoutant que le roi étant sans enfant, s'il lui arrivait malheur, elle resterait seule exposée à l'ambition du roi d'Espagne qui avait été si funeste déjà à la maison royale. Il lui exposa qu'au contraire un mari la soutiendrait dans les épreuves que la fortune pourrait lui faire subir; que M. de Bar était un prince qui, bientôt, serait duc d'un puissant État, et que ce qu'elle avait de mieux à faire en pareille circonstance, c'était de consentir à un mariage auquel le roi était en droit de la forcer.

Ces raisons ébranlèrent la malheureuse princesse. Elle rentrait tristement chez elle, accompagnée de madame de Pangeas, quand au détour d'une rue, son carrosse fut heurté et renversé par une autre voiture; elle fut obligée de mettre pied à terre, et grande fut sa peur, lorsqu'elle aperçut devant elle le comte de Soissons qui l'observait et l'avait reconnue.

Le comte revenait de chez M. d'Elbeuf où il avait joué toute la nuit, et il reconduisait chez elles madame de Laval et madame de la Trémoille. A la vue de Catherine sa stupéfaction fut extrême. Néanmoins il dissimula sa surprise et remonta dans son carrosse aussitôt que la princesse eut repris sa place dans le sien.

Rentré chez lui, il s'abandonna à toute sa jalousie. Il songea à sa rencontre avec M. de Guise, et accusa Catherine d'infidélité. Il pensa qu'elle était sortie en voiture pour aller dire adieu au duc que sa blessure retenait loin du Louvre; il se crut trahi. Dès lors, il considéra qu'il était délié de tout engagement envers celle qu'il avait tant aimée et résolut de ne plus hésiter à conclure son mariage avec mademoiselle de Montafié.

Le lendemain, il alla trouver M. de Conti et lui déclara qu'il avait recouvré toute sa liberté, que rien désormais n'allait plus le retenir et qu'il était prêt à épouser mademoiselle de Montafié. Il fit lui-même avertir le roi, qui, ravi de son obéissance, fit dresser le contrat sur l'heure et alla le montrer immédiatement à sa sœur. Il eut la précaution et l'attention de le lui faire signer, lui conseillant vivement de consentir à ce mariage, puis il sortit laissant Catherine évanouie entre les bras de madame de Pangeas.

La princesse demeura ainsi sans connaissance pendant plus de deux heures. Quand elle revint à elle, ses larmes coulèrent abondamment. Mais sa fierté parut aussitôt commander à sa douleur. Elle pesa et examina les raisons que M. du Plessis lui avait données, elle y réfléchit sérieusement; elle sentait bien que, malgré l'ingratitude du comte, elle ne pouvait l'effacer de son cœur; mais elle pensa que, mariée à un autre, le devoir, l'éloignement lui seraient un frein suffisant à la tendresse que, malgré tout, elle ressentait pour lui.

Quelques jours se passèrent ainsi sans qu'elle prît une résolution. Enfin, à bout de forces, désespérée, elle se décida à informer le roi qu'elle consentait à épouser le duc de Bar quand on voudrait, et de suite si la chose était possible. Le même soir le contrat fut signé et le mariage célébré le lendemain dans le cabinet du roi, par l'archevêque de Rouen, fils naturel d'Antoine de Bourbon et de la belle Anne de Lisle-Rouet. Depuis quelques jours déjà, Charles de Bourbon avait épousé mademoiselle de Montafié. C'est ainsi que le dépit et la jalousie firent ce que les prières et les menaces d'un roi n'avaient jamais pu obtenir.

La duchesse de Bar et le comte de Soissons ne furent pas longtemps à reconnaître qu'ils s'étaient abusés étrangement l'un et l'autre sur leurs sentiments réciproques. Mademoiselle de Guise eut l'occasion de voir le comte et lui expliqua pourquoi il avait un soir rencontré la princesse en voiture et déguisée sous un costume d'homme. Celui-ci comprit combien il avait été injuste dans ses appréciations. L'innocence de la princesse éclatait à ses yeux. Il supplia alors mademoiselle de Guise de parler de lui à la duchesse de Bar, afin de renouer avec elle ses relations d'autrefois. Mais cette demoiselle, qui connaissait la solidité de la vertu de la duchesse, refusa de se prêter à aucune entremise de ce genre. Elle alla même jusqu'à avertir Catherine des intentions du comte. Celle-ci pressa alors le duc de Bar de quitter la cour, tandis qu'elle priait le roi de retenir le comte à Paris. Le malheureux était désespéré; sous l'influence de sa passion il disait et faisait mille extravagances. Bientôt même il tomba dans une si profonde affliction qu'il fut pris d'une fièvre violente qui le mit en quelques jours aux portes du tombeau.

Le roi, craignant que l'état du comte n'affectât douloureusement sa sœur qui venait d'arriver à Nancy, défendit qu'on le lui laissât connaître.

Charles guérit, bientôt il entra en convalescence et, d'après l'ordre des médecins, il dut aller prendre les eaux à Plombières. Cette ville était près de Nancy ; le comte allait donc se rapprocher de Catherine. Mais le duc de Bar le fit prier de ne voir madame de Bar qu'en public, tandis que la marquise d'Haraucourt, première dame d'honneur, avertissait la duchesse que son Altesse monseigneur le duc souhaitait vivement qu'elle évitât de voir le comte en particulier.

Malgré tout, Catherine ne put refuser une entrevue au comte. Il fut convenu avec la marquise qu'on se verrait en sa présence, mais que cette fois serait absolument la seule.

Cependant Charles avait gagné une des femmes de la duchesse, qui lui avait promis de l'introduire dans la chambre de celle-ci, à l'heure ordinaire où le duc allait faire un tour de promenade dans les jardins du palais.

L'occasion ne tarda pas à se présenter. Un jour que le duc était allé à la chasse, le comte de Soissons, sous prétexte de faire visite à la duchesse, se fit introduire auprès d'elle par la femme qu'il avait gagnée. Quand il fut devant elle, il tomba à ses pieds. Il lui exprima toute la douleur que lui avait causée son mariage avec le duc de Bar, ajoutant qu'il ne l'avait jamais tant aimée que depuis qu'elle était à un autre, et que rien ne pourrait lui arracher du cœur l'amour désespéré qu'il ressentait pour elle. « Ah ! s'écria-t-il, que ne puis-je, comme vous, briser un sentiment que je n'ai pu détruire! Je ne serais pas tant à plaindre! car vous êtes moins malheureuse que moi. — Je n'examine pas, reprit la duchesse, d'où peuvent naître les sentiments que je témoigne, c'est assez pour ma satisfaction qu'ils soient dans les formes. Je ne vous dois plus rien et je dois tout à mon époux. Je me dois à moi-même, à ma réputation, à ma gloire! Il ne faut qu'un léger choc pour briser tant de choses qui me sont précieuses. Je vous avoue qu'une semblable perte me rendrait inconsolable et que si j'avais lieu de pouvoir vous accuser d'y avoir contribué, vous me deviendriez plus odieux que vous ne m'avez été cher. — Je ne vous demande pas le sacrifice de votre honneur, reprit le comte ; dites-moi que vous m'aimez, voilà tout, que votre cœur est à moi! — Si j'avais deux cœurs, monsieur, peut-être aurais-je pu vous en conserver un et accorder l'autre à celui que le ciel m'a donné pour époux. Mais je n'en ai qu'un, et je suis obligée de le garder à qui seul doit le posséder. »

Cette réponse mit le comble au désespoir du comte. Catherine alors parut se radoucir : « Pourquoi faut-il, dit-elle, que votre engagement irréfléchi m'ait mise hors d'état de récompenser votre amour? C'est vous qui avez fait tout le mal, c'est votre jalousie sans fondement qui a causé votre malheur et le mien. Sans votre funeste précipitation, nous aurions encore le droit de donner un libre cours à des sentiments qui feront d'une vie qui aurait pu être bien heureuse, un enchaînement d'infortunes et de douleurs... Mais je sens que ma vertu se plaint d'une conversation qui a déjà trop duré. Adieu, comte, sortez, et de grâce ne me revoyez jamais. »

Telle fut la dernière entrevue de la duchesse de Bar avec son cousin. Quelques années après, elle mourut à la suite d'une longue maladie dont on n'a pas bien connu la cause. C'est au château de Sans-Souci, près Nancy, qu'elle décéda le 13 février 1604, très regrettée de tous ceux qui l'entouraient à cause de ses vertus et des belles qualités de son esprit et de son cœur.

Quelques dissentiments sur des questions religieuses ont pu survenir entre elle, protestante, et le duc son mari, qui était catholique, mais ils n'ont jamais altéré en rien la vive affection qui les unissait et que la mort seule put détruire.

IMPRIMERIE DAUPELEY-GOUVERNEUR, A NOGENT-LE-ROTROU.

www.ingramcontent.com/pod-product-compliance
Lightning Source LLC
LaVergne TN
LVHW020244230826
846091LV00006B/2229
* 9 7 8 2 3 2 9 5 1 3 7 0 6 *